Exotische Früchte kennenlernen und probieren

Wer heute auf dem Markt das reiche Angebot der Obststände studiert, wird erstaunt feststellen, daß eine große Auswahl exotischer Früchte einer vergleichsweisen kleinen Anzahl heimischer Obstsorten gegenübersteht. Da gibt es Kiwis aus Neuseeland, Papayas aus Südamerika, Mangos aus Indien, neue Zitrusfrüchte und Melonen aus Israel und den Urlaubsländern des Mittelmeers. Selbst in den Obstregalen der Supermärkte findet die Hausfrau eine Vielzahl fremdländischer Früchte, deren Herkunft, Geschmack und Verwendung sie noch nicht kennt. Hier hilft der *GU Kompaß Exotische Früchte* – ein echter Marktführer für die Liebhaber von Früchten, die unter tropischer Sonne gereift sind und oft sehr malerisch aussehen. Vorgestellt werden die derzeit beliebtesten im Handel angebotenen Sorten. Farbfotos zeigen die Früchte im Ganzen und aufgeschnitten. Anhand farbiger botanischer Zeichnungen können Sie sehen, wie die Früchte an Baum und Strauch wachsen. Damit können Reisende in tropischen und subtropischen Ländern die Pflanzen und ihre Früchte an Ort und Stelle bestimmen. Leicht verständliche Beschreibungstexte informieren den Verbraucher ausführlich über Herkunft, Aussehen, Geschmack und Verwendung. Farbige Kennzei... aus welchen Klimazonen die Früchte st...

Tropen;
Subtropen;
tropisches Hochla...

Eine »Erläuterung der Klim...
Wichtig für den Verbrauche...
Aufbewahrung« (Seiten 58/59). Die »Nährwerte von exotischen Früchten« können Sie in der Tabelle auf Seite 62 ablesen. Der Abschnitt »Fruchtformen im Überblick« (Seite 60) ergänzt die botanischen Informationen, die Texte und Zeichnungen vermitteln. Ob als frische Frucht, als raffiniertes Dessert oder tropischer Cocktail – mit exotischen Früchten können Sie Ihre Gäste kulinarisch verwöhnen.
Der *GU Kompaß Exotische Früchte* mit seinem handlichen Einsteckformat ist die ideale Einkaufshilfe, aber auch ein nützlicher Reisebegleiter.

Viel Spaß beim Kennenlernen und Genießen von exotischen Früchten wünschen Autor und GU Naturbuch-Redaktion

Foto Umschlagvorderseite: Papaya; Umschlagrückseite: Kaki am Baum

Exotische Früchte an Baum und Strauch

Orange
(Citrus sinensis)

Loquat
(Eriobotrya japonica)

Kokosnuß
(Cocos nucifera)

Kumquat
(Fortunella margerita)

Kiwi
(Actinidia chinensis)

Mandarine
(Citrus reticulata)

aki
Diospyros kaki)

Cashewnuß
Anacardium occidentale)

Papaya
(Carica papaya)

Litschi
(Litchi chinensis)

Avocado
(Persea americana)

Papaya

Die Blüten sind männlich oder weiblich und wachsen auf getrennten Pflanzen. Die männlichen Blüten stehen in langen Rispen (oberes Bild) und tragen 5 reduzierte Kelchblätter und 5 Kronblätter mit den 5 angewachsenen Staubblättern. An den weiblichen Pflanzen sitzen die Blüten bis zu 3 in einer Gruppe, diese sind am Gipfel des Schopfbaumes wieder zu mehreren vereint. Der Fruchtknoten ist oberständig, seine Samen sind an der Außenwand eingefügt.

Papayas sind meist die ersten Früchte, die dem Tropenreisenden begegnen. In den Tropen sind sie als Frühstücksobst beliebt. Gemessen an den mehrere Kilogramm schweren Exemplaren in den Anbauländern, sind die importierten Sorten klein.

Papaya, Baummelone
Wissenschaftlicher Name: *Carica papaya* (großes Bild)
Herkunft: Frucht einer baumförmigen Staude Südamerikas. Heute weltweit in den Tropen angebaut.
Reifezeit: Ganzjährig.
Aussehen: Oval bis birnenförmig, oft mit fünf Längsrinnen, 13 cm lang. Schale grün, bei Reife rötlich-gelb verfärbend. Fruchtfleisch gelblich bis lachsrot. Viele weiche, schwarze Kerne in einem zentralen Hohlraum. Gewicht 400 g.
Geschmack: Ähnlich dem der Honigmelone, aber nicht so süß. Typischer, etwas an Waldmeister erinnernder Beigeschmack.
Verwendung: Wie Honigmelonen. Fruchtfleisch mit Zitronen- oder Limettensaft beträufeln. Kerne ungenießbar.
Hinweis: Wirkt verdauungsfördernd durch das eiweißspaltende Enzym Papain.

Papaya

Babaco

Babaco, Zitronenmelone
Wissenschaftlicher Name: *Carica pentagona* (kleines Bild)
Herkunft: Wie Papaya, in geringem Umfang in den Südtropen angebaut.
Reifezeit: Januar bis Juli.
Aussehen: 25 cm lange, spitz auslaufende Frucht mit fünfeckigem Querschnitt. Dunkelgrüne, bei Reife gelb verfärbende Schale. Fruchtfleisch gelblich-weiß, weich, saftig. Großer Hohlraum mit wenigen weichen Fasern. Samenlos oder mit flachen, hellen Kernen in schwammigem Gewebe. Gewicht 600 g.
Geschmack: Erfrischend säuerlich, zitronenartig.
Verwendung: Wie Papaya und Honigmelone.

Karambole

5 bis 12 m hoher Baum mit Fiederblättern, in deren Achseln die Blütentrauben stehen. Die rosa getönten 5 Blütenblätter werden von 5 Kelchblättern umgeben. Die 10 Staubblätter sind an der Basis ringförmig verwachsen. Der oberständige Fruchtknoten ist aus 4 oder 5 Fruchtblättern verwachsen und schon in der Jugend rippig. Die einzelnen Blättchen der Fiederblätter klappen bei Nacht oder nach einem Berührungsreiz herab.

Die Sauerkleegewächse, bei uns nur als krautige Pflanzen bekannt, treten in den Tropen auch in Baumform auf. Typisch für die ganze Pflanzenfamilie ist der Gehalt an Oxalsäure, der auch den Karambolen jenen eigentümlich sauren Geschmack verleiht, den man beispielsweise vom Rhabarber her kennt. Er unterscheidet sich deutlich von der fruchtigen Säure einer Zitrone oder Maracuja. In der asiatischen Küche werden die Früchte selten roh verzehrt, aber in Sirup, Salz oder Essig eingelegt und in Gewürzpasten oder Currygerichten verarbeitet. Längliche, kaum gerippte Früchte liefert der Malaiische Gurkenbaum *(Averrhoa bilimbi)*. Sie sind kleiner und noch saurer als die Karambole und sind außerhalb ihres natürlichen Verbreitungsgebiets kaum zu finden. Beide Bäume haben in der Volksheilkunde Asiens einen festen Platz. So werden zerstoßene Blätter gegen Juckreiz aufgelegt und zur Regulierung der Darmtätigkeit verabreicht. Der Saft der Früchte soll fiebersenkend wirken. Karambolen werden in geringem Umfang in den gesamten Tropen angebaut. Importware stammt aus Thailand, Brasilien oder Israel.

Karambole, Sternfrucht
Wissenschaftlicher Name:
Averrhoa carambola
Herkunft: Malaiische Baumfrucht. Heute in den gesamten Tropen verbreitet.
Reifezeit: Ganzjährig.
Aussehen: 12 cm lange, ovale Frucht mit 5, selten auch nur 4 hochaufragenden Längsrippen, im Querschnitt sternförmig. Glänzend gelbgrüne, dünne Haut, an den Kanten bei Reife dunkel verfärbend. Querschnitt sternenförmig. Fruchtfleisch glasig-gelb, knackig. Kleine, fünfstrahlig angeordnete Kerne, oft auch kernlos. Gewicht 150 g
Geschmack: Herb-sauer, bessere Sorten mild-süß.
Verwendung: Waschen und ungeschält in Scheiben schneiden. Sterne zum Garnieren von Salaten und Kuchen, für Sekt und Cocktails verwenden. In Bowlen Fruchtscheiben ganz untertauchen, da sie sonst bräunlich verfärben. Statt Zitronenscheiben zu Fleisch- und Fischgerichten. Auch als Kompott und Marmelade. Paßt zu Süßem und Pikantem.
Hinweis: Reich an Vitamin C.

Kapstachelbeere

Eine krautige, in ihrem Ursprungsgebiet auch mehrjährig gezogene Pflanze. Die blaßgelben Blüten stehen einzeln in den Achseln der herzförmigen Blätter, die wechselständig angeordnet sind. Die Blütenkrone ist verwachsen, flach radförmig ausgebreitet und mit den 5 Staubblättern verwachsen. Der oberständige Fruchtknoten besteht aus 2 Fruchtblättern, deren samentragende Wucherungen (Plazenten) die Frucht völlig ausfüllen. Der Kelch ist aus 5 Kelchblättern verwachsen, die sich nach der Blüte stark vergrößern, trockenhäutig werden und die reife Frucht völlig einhüllen.

Die große Familie der Nachtschattengewächse hat viele wichtige Kulturpflanzen hervorgebracht, darunter Kartoffel, Tomate und Paprika. Neben der Kapstachelbeere und der Tamarillo oder Baumtomate hat die Pepino oder Melonenbirne *(Solanum muricatum)* die Obstregale erobert. Die Frucht ist herzförmig und cremefarben mit blaßlila Längsstreifen. Das Fruchtfleisch erinnert an Melonen.

Kapstachelbeere, Goldbeere, Ananaskirsche
Wissenschaftlicher Name: *Physalis peruviana* (großes Bild)
Herkunft: Einjährige Pflanze aus Mittel- und Südamerika. Heute in allen subtropischen Ländern und tropischen Höhenlagen angebaut.
Reifezeit: Ganzjährig.
Aussehen: 4 cm langer, lampionartiger Kelch; bastgelb, trocken. Darin eine gelbe bis ockerbraune Beere mit dünner, glänzender Haut. Viele kleine, gelbe Kerne. Gewicht 12 g.
Geschmack: Säuerlich bis herb-süß, stachelbeerähnlich.
Verwendung: Beere aus dem Kelch lösen und roh verzehren. Für Obstsalate, Eisbecher und Kuchen geeignet.
Hinweis: Vitaminreich.

Kapstachelbeere

Tamarillo, Baumtomate
Wissenschaftlicher Name: *Cyphomandra betacea* (kleines Bild)
Herkunft: Strauchfrucht aus Südamerika. Heute in subtropischen Ländern und tropischen Hochlagen angebaut.
Reifezeit: Ganzjährig.
Aussehen: 8 cm lange, eiförmige Frucht mit dunkelroter Haut und dünnem, langem Stiel. Fruchtfleisch rot. Innerer Aufbau tomatenähnlich mit vielen lila Kernen. Gewicht 120 g.

Tamarillo

Geschmack: Herb-süß.
Verwendung: Zum Frischverzehr halbieren und auslöffeln. Für Obstsalate und Marmelade mit heißem Wasser übergießen und häuten.

Kaki

Niedriger Baum mit großen, derben Blättern. Die weiblichen Blüten stehen einzeln, haben einen ledrigen, vierteiligen, auch zur Fruchtzeit erhaltenen Kelch und 4 cremefarbene Kronblätter. Der oberständige Fruchtknoten wird zur Beerenfrucht, je nach Sorte mit oder ohne Samen. Die männlichen Blüten sitzen auf derselben Pflanze, sind jedoch kleiner und zu 2 oder 3 gruppiert. Sie tragen im Inneren 16 oder 24 Staubblätter.

Obwohl schon seit dem 19. Jahrhundert Kakipflaumen im Mittelmeerraum angebaut werden, konnten sie den europäischen Verbraucher erst spät von ihren Vorzügen überzeugen. Da die Früchte bei Vollreife im Inneren püreeartig weich werden, wurden sie oft für verdorben gehalten. Unreife Früchte hingegen sind ungenießbar bitter. Israelischen Züchtern ist es zu verdanken, daß heute mit der Sharon eine Sorte angeboten werden kann, die auch in noch festem Zustand wohlschmeckend ist und sich dank der Schnittfestigkeit vielfältiger verwenden läßt. Kakibäume gehören zur großen Familie der Ebenholzgewächse, die neben wertvollen tropischen Hölzern etliche Obstsorten liefern, so die Lotuspflaume *(Diospyros lotus)* mit ihren gerade kirschgroßen, schwarzen Beeren. Die Pflanze dient als Pfropfunterlage für Kakis und ist auch im Mittelmeerraum anzutreffen. Im Süden der USA wächst der Persimmon *(Diospyros virginiana)*, dessen Früchte der Kaki gleichen, aber heller und kleiner sind als diese. Von geringer Bedeutung sind einige andere Arten Asiens und Südamerikas.

Kaki, Kakipflaume, Paradiesfrucht, Kakiapfel
Wissenschaftlicher Name: *Diospyros kaki*
Herkunft: Baumfrucht aus dem japanisch-chinesischen Raum. Heute in allen subtropischen Ländern angebaut.
Reifezeit: Oktober–Mai.
Aussehen: 6 cm große, tomatenförmige Frucht mit 4 anliegenden Kelchblättern. Abgerundet-quadratische Vertiefung um die Stielbasis. Dünne Außenhaut von orangeroter Farbe, bei der Sorte Sharon lachsrot. Fruchtfleisch gleichfarbig, geleeartig, von einigen weichen Fasern durchzogen. Kernlos, selten mit 4–5 glatten, mandelförmigen Kernen. Gewicht 130 g.
Geschmack: Aprikosenartig mit leichtem Vanillearoma, sehr süß.
Verwendung: Früchte müssen musig-weich sein, sonst sind sie unangenehm herb. Lediglich die Sorte Sharon ist in festem Zustand eßbar. Kakis halbieren und auslöffeln. Fruchtmus mit Sahne als Dessert. Geeignet für Kompotte, Milchshakes.
Hinweis: Reich an Karotin und Vitamin A.

Orange

Niedriger Baum mit immergrünen, dunklen und glänzenden Blättern. Der Blattstiel der wechselständigen Blätter ist nach vorne zunehmend verbreitert und insgesamt umgekehrt eiförmig, die Blattfläche selbst spitz eiförmig. Die intensiv duftenden Blüten stehen kurzgestielt an den Zweigen; sie bestehen aus 5 schuppigen Kelchblättern, 5 länglichen, weißen Blütenblättern, 10 aufrechten Staubblättern und einem oberständigen Fruchtknoten mit aufgesetztem Griffel. Zwischen Fruchtknoten und Staubblättern ist ein nektarführendes Polster, der Diskus, eingeschoben. Bei den Navelorangen ist eine zweite »Etage« von Fruchtblättern, also ein zweiter kleiner Fruchtknoten, der runden Frucht halb eingesenkt aufgesetzt. Bei der Mandarine löst sich die Fruchtwand vom Fruchtfleisch.

Orangen sind heute die wichtigsten subtropischen Obstfrüchte. Man unterscheidet Blond-, Blut- und Navelorangen. Ein Großteil der Ernten wird zu Saft verarbeitet. In den Tropen gedeiht die Orange nur schlecht. Hier ist das Reich der Mandarine. Deren Kreuzungsprodukte – Satsumas, Tangerinen, Clementinen – sind wiederum besser an das Klima der Subtropen angepaßt.

Orange, Apfelsine
Wissenschaftlicher Name: *Citrus sinensis* (großes Bild)
Herkunft: Vermutlich in China entstanden. Anbau in allen subtropischen Ländern.
Reifezeit: Ganzjährig.
Aussehen: Rund, 8 cm Durchmesser. Schale hellorange. Bei Blondorangen dünn, glatt, feinporig; Navelorangen mit dicker, grobporiger, leicht ablösbarer Schale, Fruchtfleisch orange; bei Blutorangen rot durchzogen, saftig, mit wenigen Kernen oder kernlos. Navelorangen mit nabelartiger Vertiefung an der Unterseite.
Gewicht 250 g.
Geschmack: Süß-säuerlich.
Verwendung: Als Frischobst und Saft. Pikant: Geflügel in Orangensoße!

Orange

Mandarine

Mandarine
Wissenschaftlicher Name: *Citrus reticulata* (kleines Bild)
Herkunft: Vermutlich in Indochina entstanden. Anbau in allen tropischen und subtropischen Ländern.
Reifezeit: Ganzjährig.
Aussehen: Rund, etwas abgeflacht, 6 cm Durchmesser. Schale orangerot, porig; dünn, leicht ablösbar. Fruchtfleisch orange, saftig. Je nach Sorte mit vielen Kernen oder kernlos. Gewicht 100 g.
Geschmack: Süß-säuerlich.
Verwendung: Wegen des zarten Fruchtfleischs vorzugsweise als Frischobst geeignet. Gehäutete Fruchtsegmente für Salate und Kuchen.

Mittelgroßer Baum mit dunkelgrünen, glänzenden und ledrigen Blättern, deren kurzer Blattstiel nur schwach und kaum flächig verbreitert ist. Bisweilen finden sich an den Sprossen einzelne Dornen. Die Blüten ähneln in Größe, Gestalt und Geruch denen der Orange, stehen aber häufig zu mehreren beisammen und bilden dann traubige Fruchtstände. Wie bei allen Zitrusfrüchten entwickeln sich an der Innenwand der Fruchtschale mit zunehmendem Wachstum saftgefüllte Zotten, die den Innenraum der Frucht ausfüllen und so das Fruchtfleisch bilden. Je nach Sorte ist ihre häutige Wand zart bis zäh.

Die schon im Altertum bekannten Zitrusfrüchte werden heute als botanische Arten behandelt. Zu diesen Klassikern gehört auch die Pámpelmuse *(Citrus maxima)*. Die hellgrünen, großen Früchte waren etwas aus der Mode gekommen, erscheinen heute aber wieder unter dem Namen Pomelo auf dem Markt. Die Zitrusfrüchte bieten aber auch eine große Zahl neuzeitlicher Züchtungen.

Grapefruit
Wissenschaftlicher Name: *Citrus* x *paradisi* (großes Bild)
Herkunft: Mutation der Pampelmuse, möglicherweise auch Kreuzung aus Pampelmuse und Orange; auf Jamaika entstanden. Anbau in vielen subtropischen Ländern.
Reifezeit: Ganzjährig.
Aussehen: Runde, leicht abgeflachte Früchte, 9 cm Durchmesser. Schale gelb, weich. Fruchtfleisch blaßgelb oder rosa, sehr saftig. Keine oder wenige Kerne. Gewicht 250 g.
Geschmack: Gelbe Sorten säuerlich-bitter; rosa Sorten milder, leicht süß.
Verwendung: Fleisch halbierter Früchte mit dem Grapefruitmesser von der Schale lösen, Segmente auslöffeln.

Grapefruit

Kumquat

Kumquat, Zwergorange
Wissenschaftlicher Name: *Fortunella margarita* (oval) *Fortunella japonica* (rund) (kleines Bild)
Herkunft: Chinesische Zitrusfrucht. Heute in vielen subtropischen Ländern angebaut.
Reifezeit: Ganzjährig.
Aussehen: 8 cm große, ovale oder runde Früchte. Glatte, hellorange Schale. Fruchtfleisch orange, saftig. Wenige helle, verhältnismäßig große Kerne. Gewicht 20 g.
Geschmack: Fruchtfleisch herb-säuerlich, Schale herb-süß.
Verwendung: Frischobst wird mit der Schale verzehrt. Auch für Marmelade, Likör geeignet.

Zitrone

Niedriger, 3 bis 6 m hoher Baum mit großen, ledrigen, spitz eiförmigen Blättern. Die Blattstiele sind nicht verbreitert, und Dornen treten am Sproß nur vereinzelt auf. Die Blüten ähneln denen der Orange, duften jedoch besonders intensiv. Blüte- und Fruchtbildung erfolgt fast über das ganze Jahr. Ähnlich schlanke, zugespitzte, gelbe, jedoch größere Früchte besitzt die Zitronat-Zitrone, bei der die Fruchtwand gegenüber dem Fruchtfleisch stark verdickt ist.

Die Zedratzitrone *(Citrus medica)* gilt als Stammform aller Formen der Gattung *Citrus*. Durch Zufallskreuzungen oder gezielte Züchtung sind aus ihr die vielgestaltigen anderen Arten hervorgegangen. Die Herkunft der Zedratzitrone ist nicht eindeutig geklärt, sie dürfte aber aus dem indisch-persischen Raum stammen.

Zitrone
Wissenschaftlicher Name: *Citrus limon* (großes Bild)
Herkunft: Vermutlich in Nordindien, Burma oder Südchina entstanden. Anbau in allen subtropischen Ländern.
Reifezeit: Ganzjährig.
Aussehen: 8 cm lange, eiförmige Frucht mit wulstigen Warzen an beiden Enden. Schale gelb, porig, dick, fest verwachsen. Fruchtfleisch gelb, saftig, wenige helle Kerne. Gewicht 120 g.
Geschmack: Sauer.
Verwendung: Ausgepreßter Saft für Mixgetränke, Tee und Fruchtsäfte; für Cremes, Eis und Pudding. Zum Abschmecken von Salatsoßen, Kompotten und vielen anderen Gerichten, für Fleisch- und Fischmarinaden. Zitronenscheiben zum Garnieren von Speisen und Getränken. Zum Beträufeln von Meeresfrüchten.

Zitrone

Limette

Limette, Limone
Wissenschaftlicher Name: *Citrus aurantiifolia* (kleines Bild)
Herkunft: Zitrusfrucht aus dem malaiischen Raum. Anbau in allen tropischen und vielen subtropischen Ländern.
Reifezeit: Ganzjährig.
Aussehen: Rund, 5 cm Durchmesser, Schale grün oder gelb, dünn, fest verwachsen. Fruchtfleisch gelb bis durchscheinend grünlich, meist kernlos. Gewicht 60 g.
Geschmack: Sauer, saftreicher und weniger herb als die Zitrone.
Verwendung: Für exotische Mixgetränke und Säfte sowie stilechten Papayagenuß.

Cherimoya

Ein mittelgroßer Baum mit immergrünen, ledrigen Blättern. Die Blüten sitzen einzeln in den Blattachseln und bestehen aus 3 Kreisen schmaler, weißlicher Blütenhüllblätter. Eine größere Anzahl von Staubblättern ist schraubig in der Blüte angeordnet, deren ebenfalls zahlreiche Fruchtblätter im Zentrum einen schuppigen Komplex bilden. Bei der Fruchtreife verwachsen diese Schuppen weitgehend miteinander und mit der Achse. Sie enthalten je einen schwärzlichen Samen.

Schon von den Inkas wurde diese köstliche Frucht kultiviert. Anders als bei ihren nahen Verwandten handelt es sich bei der Cherimoya nicht um eine Tropenpflanze, sie gedeiht vielmehr in den kühleren Höhenlagen. Ihre klimatischen Ansprüche erlauben auch einen Anbau in Südeuropa. Ergiebige Ernten sind aber nur bei künstlicher Bestäubung zu erwarten, und bis zur Reife können acht Monate vergehen. Zudem ist die Schale druckempfindlich, so daß Anbau und Transport aufwendig und problematisch sind. Cherimoyas gehören zur Pflanzenfamilie der Annonengewächse. Obwohl aus Südamerika stammend wie die meisten Arten dieser Gattung, ist die Schuppenannone *(Annona squamosa)* am häufigsten in Südostasien anzutreffen. Die mit dicken Wülsten besetzte graugrüne Frucht wird wegen ihres besonderen Aromas auch Zimtapfel genannt. Die Stachelannone oder Guanabana *(Annona muricata)* ist die größte Annonenart. Ihr Fruchtfleisch ist säuerlich, ihr Saft in Multivitaminsäften enthalten. Weniger bedeutend ist die Netzannone *(Annona reticulata)*.

Cherimoya, Rahmapfel
Wissenschaftlicher Name:
Annona cherimola
Herkunft: Baumfrucht aus den Hochtälern Südamerikas. Heute auch in vielen subtropischen Ländern kultiviert.
Reifezeit: Oktober–Mai.
Aussehen: Herzförmige, oft auch unförmig gekrümmte Frucht von 10 cm Durchmesser. Hellgrüne Schale mit fingerabdruckartigen Vertiefungen oder bläulichgrün bis bräunlich mit tropfenförmigen Auswüchsen; bei Reife braun verfärbend. Fruchtfleisch cremefarben, weich. Viele glänzende, schwarze, glatte Kerne. Gewicht 220 g, sehr variabel.
Geschmack: Sehr süß, sahnig; erdbeerähnlich mit feinem Zimtaroma.
Verwendung: In dünne Keile schneiden, schälen und Kerne entfernen. Mit Sahne, Eiscreme oder Schokoladensoße gekühlt servieren oder direkt verzehren.
Hinweis: Sehr druckempfindlich. Vollreife Exemplare sind meist schon unangenehm süß und nur sehr kurz haltbar. Besser feste Früchte kaufen.

Mango

Ein stattlicher, bis 40 m hoher Baum. Die Blätter sind schmal, spitz eiförmig, gestielt, wechselständig, jung rötlichbraun, alt dunkelgrün und ledrig. Die kleinen Blüten stehen in reichen Blütenständen (bis zu 5000 Einzelblüten) beisammen. Nur etwa jede tausendste dieser Blüten gelangt zur Reife. Jede Blüte besteht aus 5 Kelchblättern, ebenso vielen grünlich-weißen Blütenblättern, 5 Staubblättern und einem oberständigen Fruchtknoten. Zwischen Staub- und Kronblättern ist eine fleischige Scheibe, der nektarproduzierende Diskus, eingefügt.

Abgesehen von den Klassikern Ananas, Banane und Orange dürfte die Mango eine der bekanntesten und wohl auch beliebtesten Exoten sein. Kaum eine andere Frucht hat einen ähnlich vollmundigen, unvergleichbar exotischen Geschmack. Für den Tropenbewohner ist sie so allgegenwärtig wie für den Europäer ein Apfel. Schon vor Jahrtausenden dort kultiviert, kann die Mango als Nationalfrucht Indiens angesehen werden. Als religiöses Symbol taucht sie in den indischen Mythen auf. Heute findet man die stattlichen Mangobäume überall in den Tropen, und die lokalen Märkte bieten Früchte gänzlich unterschiedlicher Form, Farbe und Qualität an, darunter viele minderwertige Sorten mit fasrigem, harzigem und hartem Fruchtfleisch. Wie unreife Früchte werden sie in vielfältiger Weise in der Küche verwendet. Asiaten verzehren sie auch gerne roh, würzen sie dann aber mit Salz und Chilipulver; eine für den Europäer ungewohnte Zusammenstellung, die aber durchaus eine Kostprobe lohnt. Mangos werden zumeist aus Brasilien und Kenia importiert.

Wissenschaftlicher Name: *Mangifera indica*
Herkunft: Indische Baumfrucht. Heute weltweit in den Tropen kultiviert.
Reifezeit: Ganzjährig.
Aussehen: 10 cm, oval bis nierenförmig mit seitlich ausgezogener Spitze, je nach Sorte auch fast rund. Schale gelb, grün oder rötlich, oft dreifarbig. Matt oder glänzend, fein gesprenkelt. Tiefgelbes, leicht fasriges Fruchtfleisch. Flacher, heller Kern, groß, fasrig, fest verwachsen. Gewicht 280 g.
Geschmack: Exotisch, saftig. Sehr aromatisch. Leicht harziger Beigeschmack.
Verwendung: Schale abziehen, von den Breitseiten dicht am Kern entlang zwei Scheiben abschneiden. Erstklassig als Saft und Frischobst. Sehr vielseitig, auch in pikanten Gerichten, Suppen und Soßen. Pikant: Mangochutney, eine marmeladenartige, süß-saure bis scharfe Würzsoße, als Zugabe zu Reisgerichten und Geflügel.
Hinweis: Hoher Vitamin-A-Gehalt. Soll mit Kaffee, Milch oder Alkohol Magenbeschwerden verursachen.

Kaktusfeige

Ein Kaktus mit flachen, blattartigen Sprossen und zu Dornen umgewandelten Blattbüscheln. Zahlreiche gelbe bis orangefarbene Blütenblätter sitzen, ohne Kelch, auf einem großen, unterständigen, zur Blütezeit becherförmig eingesenkten Fruchtknoten, der ebenfalls mit Dornenbüscheln besetzt ist. Doch gibt es auch dornenlose Formen. Zahlreiche Staubblätter bilden das Innere der Blüte, aus dem ein langer, zerteilter Griffel herausragt. Die Frucht enthält zahlreiche harte Samen.

Der Feigenkaktus wurde von spanischen Seefahrern aus seiner mittelamerikanischen Heimat nach Europa und Nordafrika mitgebracht und hat sich über die Trokkengebiete der ganzen Erde verbreitet. War die Kaktusfeige für die Indianer noch ein wichtiges Nahrungsmittel in vegetationsarmen Wüstengebieten, gilt die Pflanze in den Ländern ihres Auftretens als sich stark ausbreitendes Unkraut. Außer in Mexiko, wo die Kakteenfrüchte noch eine vielfältige Verwendung finden, werden Kaktusfeigen vorwiegend frisch verzehrt. Die blattförmigen Sproßabschnitte stachelloser Arten liefern Viehfutter, stachelbewehrte Opuntien hingegen ersetzen in den holzarmen Zonen vielfach Zäune und Einfriedungen. Außer dem Feigenkaktus besitzen noch viele andere Arten eßbare Früchte, die durch ungewöhnliche Formen und Farben verblüffen. Ohne Rücksicht auf botanische Unterschiede werden sie als Pitahayas bezeichnet. Gelegentlich wird eine gelbe, kiefernzapfenförmige Frucht aus Kolumbien importiert. Ihr graues Fleisch ist geschmacklich dem der gewöhnlichen Kaktusfeige überlegen.

Wissenschaftlicher Name: *Opuntia ficus-indica*
Herkunft: Kakteenfrucht aus Mittelamerika. Heute in allen tropischen und subtropischen Trockengebieten verbreitet.
Reifezeit: Ganzjährig.
Aussehen: 7 cm, tonnen- bis birnenartig, mit trichterförmiger Einsenkung an der Spitze. Schale rötlich-gelb bis tiefrot mit Büscheln sehr feiner Stacheln. Fruchtfleisch orangerot, hoher Wassergehalt. Viele kleine, recht harte Kerne. Gewicht 100 g.
Geschmack: Wäßrig-süß. Erfrischend und schmelzend wie bei der Wassermelone; schwaches, birnenähnliches Aroma.
Verwendung: Mit Handschuhen schälen oder halbieren und auslöffeln, dabei mit einer Gabel festhalten. Frisch mit den Kernen verzehren. Tip: Entkerntes Fruchtmark mit Sekt und Maracujasaft aufgießen.
Hinweis: Vorsicht – Stacheln! Nicht mit bloßen Händen anfassen! Auch wenn die winzigen Stacheln kaum sichtbar sind, stechen diese doch unangenehm und sind kaum aus der Haut zu entfernen.

Feige

Ein ausladender, milchsaftführender Baum mit den charakteristischen, tiefgelappten Feigenblättern. Die Blütenstände, die Feigen, bilden sich an den Sprossen in den Achseln der Blätter und stellen im wesentlichen eine verbreiterte, becherförmige Blütenstandsachse dar. Diese ist bis auf eine kleine Öffnung am Ende geschlossen und enthält zahllose körnige, normalerweise weibliche Blüten, die fast nur noch aus dem Fruchtknoten bestehen.

Die Feige wurde schon in vorchristlicher Zeit im Mittelmeerraum kultiviert, und getrocknete Früchte sind auch bei uns seit langem bekannt. Wir beziehen sie aus dem Mittelmeerraum, aber auch auf dem amerikanischen Kontinent werden Feigen angebaut. Schon früh hatte man die Adriatische Feige nach Kalifornien gebracht. Da sie samenlos ist, eignet sie sich nicht für Trockenfrüchte. Alle Versuche, die Smyrnafeige anzubauen, schlugen fehl. Erst 1870 erkannte man hier die ungewöhnlichen Zusammenhänge bei der Bestäubung der Smyrnafeige, es dauerte aber noch bis zur Jahrhundertwende, bis die hierzu benötigte Gallwespe – die beim Schlüpfen Blütenstaub mitnimmt und bei der Eiablage an anderen Feigen diese befruchtet – gegen den Widerstand der Feigenanbauer am Mittelmeer nach Amerika gebracht wurde. Eine ferne Verwandte der Feige ist die riesige Jackfrucht *(Artocarpus heterophyllus)*. Sie kann ein Gewicht von bis zu 35 kg erreichen und ist somit die größte Obstfrucht. Ihre Früchte sind zu schwer, um an Ästen zu hängen; sie entspringen direkt dem Stamm.

Wissenschaftlicher Name: *Ficus carica*
Herkunft: Baumfrucht aus Kleinasien. Heute in allen subtropischen Ländern angebaut.
Reifezeit: Ganzjährig.
Aussehen: Bläuliche oder grüne, zwiebelförmige Früchte von 5 cm Durchmesser. Kleine zentrale Öffnung an der Unterseite. Schale grau bereift, mit flachen Längsrippen. Im Querschnitt helle Fruchtwand mit weichem Fruchtfleisch aus weißen und rötlichen Fäden. In der Mitte oft ein kleiner Hohlraum. Je nach Sorte mit vielen kleinen Kernen oder kernlos. Gewicht 40 g.
Geschmack: Aromatisch-süß.
Verwendung: Mit oder ohne Schale als Frischobst, in Obstsalaten, mit Weinbrand oder Sahne. Eignet sich für Kompott, Marmelade und Konfekt. Pikant: Feigen mit Lammsalami oder Schafskäse.
Hinweis: Reich an Mineralien, hoher Zuckergehalt. Früchte platzen leicht auf. Feigen wirken leicht abführend und heilend bei Leber- und Gallenleiden.

Guave

Ein 6 bis 8, selten bis 10 m hoher Baum mit glatter, sich in Schuppen ablösender Rinde und vierkantigen Stengeln. Die Blätter sind schmaleiförmig, deutlich geadert, unterseits fein braun behaart und gegenständig angeordnet. Die bis 2 cm breiten Blüten stehen einzeln oder zu zweit und gestielt in den Blattachseln. Der Fruchtknoten ist unterständig und in die becherförmige Blütenachse eingesenkt. Am Rand des Bechers stehen 5 kräftige Kelchblätter sowie zahlreiche Staubblätter. Auch die reife Frucht trägt an der Spitze noch Reste der Kelchzipfel. Im Inneren befinden sich meist zahlreiche rauhschalige Samen und bei minderwertigen Sorten körnige Steinzellen.

Auch die Guave ist eine jener Früchte, die schon früh von den Einheimischen Südamerikas kultiviert wurden. Noch heute existieren viele Wildarten. Bereits im Zeitalter der Entdeckungen wurde die Guave von spanischen und portugiesischen Seefahrern über die gesamten Tropen verbreitet.

Guave
Wissenschaftlicher Name: *Psidium guajava* (großes Bild)
Herkunft: Baumfrucht aus Mittelamerika. Heute in allen tropischen und vielen subtropischen Ländern angebaut.
Reifezeit: Ganzjährig.
Aussehen: Rund bis birnenförmig, 5–12 cm. Schale gelb oder grün, glanzlos. Fruchtfleisch weiß, cremefarben oder rosa, innen geleeartig mit vielen kleinen, sehr harten Kernen. Fruchtwand fest und birnenartig körnig. Gewicht 100–300 g.
Geschmack: Süß, aromatisch; quittenähnlich.
Verwendung: Schälen und hineinbeißen, die Kerne sind eßbar. Ergibt hervorragende Gelees und Marmeladen. Geeignet für Kuchen und Konfekt.
Hinweis: Enthält sehr viel Vitamin C!

Guave

Feijoa

Feijoa, Ananasguave
Wissenschaftlicher Name: *Acca sellowiana* (kleines Bild)
Herkunft: Strauchfrucht aus Südamerika. Anbau in vielen subtropischen Ländern.
Reifezeit: März–Mai, Oktober–Dezember.
Aussehen: 6 cm lange, eiförmige Frucht mit grüner Schale. An der Spitze oft noch eingetrocknete Kelchblätter. Fruchtfleisch gelblich, weich. In vier kreuzförmig angeordneten Kammern zahlreiche weiche, rötliche Kerne in geleeartiger Masse. Gewicht 80 g.
Geschmack: Süß-säuerlich.
Verwendung: Halbieren und auslöffeln; festere Exemplare schälen; Kerne eßbar.

Avocado

Bis 20 m hoher Baum mit spitz elliptischen, blaugrünen Blättern. Die sehr kleinen Blüten stehen in reichblütigen Blütenständen. Die Blüten bestehen aus 6 grünlichen Blütenblättern, 9 Staubblättern und einem Fruchtblatt, das nur einen Samen, den Kern, ausbildet. Sie öffnen sich zweimal, einmal um den Pollen freizugeben, und am nächsten Tag zur Übertragung des Blütenstaubs auf die Narbe; dies kann auch umgekehrt ablaufen. Von etwa 5000 Blüten entwickelt sich nur eine schließlich zur ausgereiften Frucht.

Sie paßt nicht so recht in den Rahmen der hier beschriebenen Früchte. Da Avocados weder süß sind noch Fruchtsäure enthalten, mag man geneigt sein, sie dem Gemüse zuzurechnen, obwohl sie nach der Art der Verwendung eindeutig Obstcharakter haben. Die Früchte wurden schon von den Mayas und Azteken in der Neuen Welt angebaut, und wie bei allen seit alters her kultivierten Arten haben sich viele Sorten herausgebildet. Avocados sind nicht voll ausgereift, wenn sie geerntet werden; sie reifen aber bald nach und werden weich. Schneller Transport oder Kühlung sind deshalb notwendig. Darüber hinaus sind die Früchte sehr empfindlich und reagieren auf Verletzungen der Schale mit unschönen braunen Verfärbungen, die auf den Kontakt mit dem Luftsauerstoff zurückzuführen sind. Nicht ganz zu Unrecht werden sie im deutschen Sprachraum als Butterfrüchte bezeichnet. Ihr Fleisch erinnert nicht nur in der Beschaffenheit an Butter, es ist auch ähnlich nahrhaft mit einem für Früchte hohen Fett- und Eiweißgehalt. Aus überreifen Früchten wird hochwertiges Avocadoöl gewonnen.

Avocado, Alligatorbirne
Wissenschaftlicher Name: *Persea americana*
Herkunft: Zentralamerikanische Baumfrucht. Heute in allen tropischen und vielen subtropischen Ländern angebaut.
Reifezeit: Ganzjährig.
Aussehen: Länglich oder gedrungen birnenförmig, 13 cm lang, mit glänzend grüner, gesprenkelter, etwas warziger Schale. Fruchtfleisch blaßgrün, von butterartiger Konsistenz. Einzelner großer Kern. Gewicht 300 g.
Geschmack: Cremig-nussig.
Verwendung: Halbieren und Kern drehend entfernen. Auslöffeln; gegen Verfärbung mit Zitronensaft beträufeln. Geeignet für Dips, Cremes, Salate und Suppen, mit Salz und Pfeffer als pikanter Brotaufstrich. Dessert-Tip: Avocadopüree mit Zucker, Sahne und einem Schuß Rum verrühren, gekühlt servieren.
Hinweis: Reich an Mineralsalzen und Vitaminen. Eine halbe Avocado mit Kern aufbewahren, so wird Verfärbung verhindert. Avocadozubereitungen unter Luftabschluß aufbewahren.

Loquat

Kleiner, immergrüner Baum mit lanzettlichen Blättern, die auf der Unterseite einen weißen, filzigen Belag tragen. Blüht im Herbst mit endständigen, dichten Bütenrispen. Die weißen Büten mit ihren braun behaarten Stielen ähneln denen des Apfelbaums. Ihr unterständiger Fruchtknoten entwickelt sich bis zum nächsten Frühjahr (März–Mai) zu dunkelgelben, birnenförmigen Früchten, die – je nach Sorte – wollig behaart oder glattschalig sind. Wie Äpfel enthalten sie 3–5 häutige Bälge mit braunen, länglichen Samen. Der fleischige Blütenboden umwächst die Fruchtblätter becherförmig und wird zum eßbaren Teil der Frucht.

Aus der großen Familie der Rosengewächse, zu der fast alle unsere heimischen Obstsorten gehören, kommen nur wenige exotische Früchte zu uns. Eine davon ist die Loquat, die heute auch in den Mittelmeerländern angebaut wird. Die hohen Sträucher blühen im Herbst, so daß die schon im März oder April reifenden Früchte das erste Obst der Subtropen liefern. Die Sapodilla gleicht auf den ersten Blick der Loquat, gehört aber einer anderen Pflanzenfamilie an.

Loquat, Japanische Mispel
Wissenschaftlicher Name: *Eriobotrya japonica* (großes Bild)
Herkunft: Wird heute in fast allen subtropischen Ländern angebaut.
Reifezeit: April – November.
Aussehen: 6 cm lange, kugelige bis birnenförmige Früchte mit kleiner Höhlung an der Unterseite. Haut und Fruchtfleisch goldgelb, 2–3, selten mehr große, braune Kerne in apfelähnlichem Gehäuse. Gewicht 60 g.
Geschmack: Säuerlich-süß, aprikosen- bis pflaumenartig, saftig.
Verwendung: Gehäutet als Frischobst, Kerne ungenießbar. Auch für Saft, Kompott und Gelee.

Loquat

Sapodilla, Breiapfel
Wissenschaftlicher Name: *Manilkara sapota* (kleines Bild)
Herkunft: Südamerikanische Baumfrucht. In allen tropischen Ländern angebaut.
Reifezeit: Mai–November.
Aussehen: 8 cm lange, eiförmige Frucht mit zimtbrauner, rauher Haut. Fruchtfleisch bräunlich-gelb, weich. 3–5 glänzend schwarze, abgeflachte Kerne. Sehr unterschiedlich in Form und Größe. Gewicht 120 g.

Sapodilla

Geschmack: Aromatisch-süß, ohne Säure.
Verwendung: Halbieren, Kerne entfernen. Mit Zitronensaft beträufeln und auslöffeln. Auch für Marmelade geeignet.

Kiwi

Eingeschlechtliche Kletterpflanze, die mit ihren abspreizenden Seitenästen im Geäst von Bäumen hängt. Die männlichen Blüten besitzen zahlreiche Staubblätter und verkümmerte Griffelreste (oberes Bild). Die weiblichen Blüten tragen auf dem Fruchtknoten zahlreiche freie Griffel. Beide Blütentypen besitzen 5 kräftige Kelchblätter und 5 cremefarbene Blütenblätter. Der oberständige Fruchtknoten wird bei Fruchtreife zu einer Beerenfrucht mit zahlreichen winzigen Samen.

Wohl keine andere exotische Frucht hat die europäischen Märkte so schnell erobert wie die Kiwi. Verwundern kann dies nicht, trifft sie mit ihrem vollfruchtigen Aroma den europäischen Geschmack doch recht gut. Da sie gemessen an anderen Fruchtexoten zudem nicht sehr teuer ist, hat sich eine beachtliche Verbrauchernachfrage entwickelt. Kiwis werden seit 80 Jahren in großem Umfang angebaut. Den Namen teilt sich die Frucht mit dem neuseeländischen Wappentier, einem flugunfähigen Schnepfenstrauß. Dieser Produktname wurde im Rahmen eines Preisausschreibens ausgewählt und steht in keiner Beziehung zur Frucht selbst. Die Bezeichnung »Chinesische Stachelbeere« gibt hingegen zumindest über die Herkunft Aufschluß, auch wenn sie bezüglich der botanischen Verwandtschaft irreführend ist. Im Kielwasser der Kiwi ist eine andere Frucht wieder in Mode gekommen, die schon früher in Europa kultiviert wurde, die japanische Kokuwa *(Actinidia arguta)*. Der Gartenfachhandel bietet Sträucher unter dem Phantasienamen »Bayernkiwi« an. Die Beeren sind kleiner und glattschalig.

Kiwi, Chinesische Stachelbeere
Wissenschaftlicher Name: *Actinidia chinensis*
Herkunft: Chinesische Kletterpflanze. Anbau in vielen subtropischen Ländern.
Reifezeit: Ganzjährig.
Aussehen: 7 cm lang, stumpfoval. Braune, filzig behaarte Haut. Fruchtfleisch leuchtend grün mit hellen, von einem weißen Mittelstrang ausgehenden Strahlen; an deren Basis viele sehr kleine, schwarze Samen.
Gewicht 110 g.
Geschmack: Säuerlich-süß, stachelbeerähnlich mit leichtem Erdbeeraroma.
Verwendung: Halbieren und auslöffeln. Geschälte Scheiben für Obstsalate, Torten, zu Eis und Cremespeisen; für Marmelade, Fruchtsoßen und »Grüne Grütze«. Wirkt als Fleischzartmacher, läßt Produkte aus ungekochter Milch bitter werden. Kuchengüsse auf Gelatinebasis werden über Kiwis nicht fest, besser pflanzliche Produkte verwenden.
Hinweis: Sehr hoher Vitamin-C-Gehalt, mineralreich. Kann ähnlich wie Erdbeeren Allergien verursachen.

Banane

Eine 5 bis 9 m hohe Staude mit großen, wedelartigen Blättern, deren untere Scheiden einen hohlen Scheinstamm bilden. Nur zur Blüte und Frucht treibt ein echter Sproß aus dem Wurzelstock durch den Scheinstamm. Er trägt etagenartig angeordnete, zunächst von großen Schuppen verhüllte Blüten mit unterständigem Fruchtknoten. Die Blüten sind wachsartig gelb und werden durch Fledermäuse bestäubt. Die untersten Blüten eines Blütenstandes sind männlich, die mittleren zwittrig und die oberen weiblich.

Die Banane ist mit Abstand die wichtigste Frucht der Tropen. Selbst gemessen an den in größerem Umfang kultivierten Zitrusfrüchten und Weintrauben, die zum großen Teil zu Saft bzw. Wein verarbeitet werden, ist sie als Obst von überragender Bedeutung sowohl für den Welthandel wie auch für die Ernährung der Bevölkerung tropischer Länder. Ihre Herkunft verliert sich im Dunkel der asiatischen Geschichte, man kann jedoch davon ausgehen, daß sie durch vielfache Kreuzung zweier Ursprungsarten entstanden ist. Da nur wenige Züchtungen importiert werden, bleibt dem Tropenreisenden das Vergnügen vorbehalten, die vielen sich in Größe und Geschmack unterscheidenden Bananensorten kennenzulernen, von denen die Rote Obstbanane (kleines Bild), die Apfelbanane und die als Gemüse zu verwendende Kochbanane auch bei uns erhältlich sind. Da Bananen ohne Bestäubung Fruchtfleisch ausbilden, enthalten sie keine Samen und können nur vegetativ durch Schößlinge vermehrt werden. Bei der Ernte wird die ganze Staude, die keine zweite Blüte ansetzen würde, abgeschlagen.

Wissenschaftlicher Name: *Musa* x *paradisiaca*
Herkunft: Frucht einer hochwüchsigen Staude, vermutlich aus dem malaiischen Raum. In allen tropischen und vielen subtropischen Ländern angebaut.
Reifezeit: Ganzjährig.
Aussehen: Gekrümmte, 25 cm lange Früchte mit gelber Schale und samenlosem, elfenbeinfarbenem Fruchtfleisch. Gewicht 200 g. Rote Obstbanane kürzer, gedrungener. Grüne Apfelbanane 8 cm lang.
Geschmack: Mild-süß. Rote Obstbanane fad-süß; Apfelbanane leicht säuerlich.
Verwendung: Frischobst. Vielfältige Verwendung in Desserts; als Kuchenbelag; in Milchshakes.
Hinweis: Sehr Nahrhaft.

Rote Obstbanane

Dattel

Weibliche Dattelpalmen bilden an ihrem Blattschopf reichblütige Blütenstände, die von 2 großen Schuppenblättern eingehüllt werden. Die Einzelblüten sind unscheinbar, besitzen eine einfache schuppige Blütenhülle und 3 nicht verwachsene Fruchtblätter, von denen jedes zur Dattel wird. Der harte Kern stellt ein Nährgewebe dar, das bei der Keimung aufgebraucht wird. Männliche Dattelpalmen haben eine größere Anzahl von ebenfalls einfachen Blüten mit jeweils 6 Staubblättern.

Als »Brot der Wüste« könnte man die Dattel mit Recht bezeichnen. Den Bewohnern der nordafrikanischen und vorderasiatischen Trockengebiete liefert sie ein ausgesprochen nahrhaftes und vitaminreiches Grundnahrungsmittel, das vielseitig genutzt wird. So sehr die Dattelpalme auch an das heiße und trockene Wüstenklima angepaßt ist, braucht sie doch viel Wasser, das sie mit ihren langen Wurzeln aus den Tiefen des Wüstensandes holt. Man sagt, sie müsse den Kopf im Feuer und die Füße im Wasser haben. Von der Blüte bis zur Reife vergeht etwa ein halbes Jahr, eine Palme liefert dann aber bis zu 100 kg Datteln. In Europa werden Dattelpalmen in größerem Umfang nur in Südostspanien kultiviert. Der berühmte Palmenhain in Elche geht vermutlich schon auf die Mauren zurück. Die im Mittelmeerraum häufigere Kanarische Dattelpalme *(Phoenix canariensis)* hat ungenießbare Früchte. Der Stamm der Palmen wird mit den Jahren nicht dicker und verzweigt sich – von wenigen Arten abgesehen – nicht. Der Schopf grüner Wedel entspringt nur einer einzigen großen Knospe.

Wissenschaftlicher Name: *Phoenix dactylifera*
Herkunft: Palme aus Mesopotamien. Heute vornehmlich in Nordafrika und dem Vorderen Orient angebaut.
Reifezeit: Oktober–Januar.
Aussehen: 4 cm lange, ovale Früchte von brauner oder gelber, selten auch rötlicher Farbe. Bei weichen Sorten glänzende, pergamentartige Schale. Fruchtfleisch halbfest, gelegentlich etwas fasrig. Langgestreckter, grauer Kern mit tiefer Rinne. Gewicht 10 g.
Geschmack: Süß, rosinenartig.
Verwendung: Frisch mit der Schale essen oder entsteinen und mit Frischkäse oder Marzipan füllen. Gehackt wie Rosinen in Backwerk verwendbar, auch für Marmelade geeignet; Dattelsirup statt Honig verwendbar. In den Anbauländern vielseitiges Grundnahrungsmittel. Getrocknete Früchte lange haltbar, traditioneller Karawanenproviant. Schlechte Qualitäten und Kerne als Viehfutter.
Hinweis: Sehr nahrhaft; enthält bis zu 70% Zucker. Reich an Mineralien und Vitaminen.

Litschi

10 bis 12 m hoher Baum mit lockeren, rispigen Blütenständen. Die Blüten sind klein und weiß. Sie bestehen aus einem fünfteiligen Kelch und einer vierblättrigen Krone. Im Inneren stehen 8 Staubblätter und ein aus 3 Fruchtblättern bestehender, oberständiger Fruchtknoten. Außerdem trägt die Blüte noch im Inneren eine nektarbildende Schwiele. Die dunklen Samen der derbhäutigen, kugeligen Frucht werden von einem fleischigen Samenmantel, dem Arillus, umgeben.

Litschibäume stammen aus China, wo die Frucht sehr beliebt ist. Dort trocknet man sie mit der Schale, wobei der saftige Samenmantel stark schrumpft. Ebenfalls aus China stammt die ähnliche, aber kleinere Longan *(Euphoria longana)*. Die braunen, glattschaligen Früchte werden dort als »Drachenaugen« bezeichnet. Gelegentlich werden sie aus Nordthailand importiert. Ein tropischer Vertreter dieser Obstfrüchte ist die Rambutan.

Litschi, Chinesische Haselnuß
Wissenschaftlicher Name: *Litchi chinensis* (großes Bild)
Herkunft: Chinesische Baumfrucht. Heute in allen subtropischen Sommerregengebieten angebaut.
Reifezeit: Oktober–April.
Aussehen: 3 cm lange, gedrungen eiförmige, rötlichbraune Früchte mit dünner, genoppter Schale. Glasig-weißes, sehr saftiges Fruchtfleisch. Glänzend brauner Kern. Gewicht 20 g.
Geschmack: Exotisch-süß, kräftig; erinnert etwas an Weintrauben und Kirschen.
Verwendung: Erstklassiges Frischobst. Vielseitig verwendbar in Obstsalaten und Mixgetränken. Kern ungenießbar.

Litschi

Rambutan

Rambutan, Haarige Litschi
Wissenschaftlicher Name: *Nephelium lappaceum* (kleines Bild)
Herkunft: Baumfrucht aus Südostasien. Anbau auch in anderen tropischen Ländern.
Reifezeit: Ganzjährig.
Aussehen: 5 cm lange, elliptische, rote Frucht mit haarähnlichen Auswüchsen. Milchig-weißes Fruchtfleisch mit fest anhaftendem Einzelkern. Gewicht 40 g.
Geschmack: Mild-süß, ähnlich dem der Litschi.

Verwendung: Schale mit einer Messerspitze einritzen und abziehen, ohne Kern frisch verzehren. Bei Verwendung für Bowlen, Desserts, Cocktailspießchen Kern vorher herauslösen.

Mangostane

Bis 12 m hoher Baum mit spitzovalen, ledrigen und gegenständigen Blättern. Die Blüten stehen zu 1–3 in den Blattachseln. Sie besitzen derbe, nicht abfallende Kelchblätter und 4 grünlich-gelbe Blütenblätter. Im Inneren stehen zahlreiche Staubblätter und ein runder, oberständiger Fruchtknoten mit einer schildförmigen, gelappten, nicht durch einen Griffel abgesetzten Narbe. Dieser wächst zu einer kugeligen Frucht heran, deren innere Wandpartien weich und fruchtig werden. Sie bilden entsprechend der Samenzahl 5 bis 7 Sektoren, die die Samen umschließen. Die Samen werden ohne Bestäubung und Befruchtung (parthenogenetisch) gebildet und sind nur kurze Zeit lebensfähig.

In Asien ist die Mangostane sehr beliebt, trotzdem hat sie keine weltweite Verbreitung erfahren. Ihre Samen sind empfindlich und verlieren sehr schnell die Keimfähigkeit, überstehen insofern lange Schiffsreisen nicht. Erst der Flugverkehr hat einen Anbau von Mangostanen außerhalb des Verbreitungsgebiets ermöglicht, und der europäische Markt bezieht sie zunehmend aus Südamerika. In Asien ist der Name der Mangostane untrennbar mit dem einer legendären Frucht, der Durian *(Durio zibethinus)*, verbunden. Diese großen, stachligen Früchte wiegen etwa 3 kg, eßbar ist jedoch nur eine geringe Menge Fruchtmark. Dieses ist von einem für europäische Gaumen absonderlich würzigen Geschmack, die Schale allerdings stinkt penetrant nach faulen Eiern. Trotzdem sind die Früchte bei allen Asiaten unglaublich beliebt und entsprechend teuer. Die ersten nach Deutschland eingeführten Exemplare kosteten 80 DM pro Stück! Beide Früchte werden gemeinsam reif und auch zusammen gegessen, denn man sagt, die Kühle der Mangostane mildere das Feuer der Durian.

Wissenschaftlicher Name: *Garcinia mangostana*
Herkunft: Baumfrucht aus Südostasien. Heute auch in Südamerika angebaut.
Reifezeit: Ganzjährig.
Aussehen: Weinrot, rund, 6 cm Durchmesser. Um den Stielansatz 4 dicke Kelchblätter. An der Unterseite windradähnliches Gebilde, dessen Flügel exakt der jeweils unterschiedlichen Aufteilung und Größe der Fruchtsegmente entsprechen. Fruchtfleisch in 4–7 Segmenten, einige davon mit Kern. Weiß, sehr saftig. Gewicht 70 g.
Geschmack: Süß bis zartsäuerlich; erinnert an Trauben und Kirschen.
Verwendung: Schale umlaufend einritzen und auseinanderbrechen. Fruchtfleisch mit Eiscreme oder Sahne gut gekühlt servieren oder direkt mit Kern verzehren.
Hinweis: Nimmt Geruch an, von stark riechenden Lebensmitteln getrennt aufbewahren. Vorsicht: Schalensaft hinterläßt hartnäkkige Flecken. Fruchtfleisch verfärbt an Druckstellen sofort braun. Früchte mit Schalenverletzungen sind regelmäßig verdorben.

Schlingende und rankende Kletterpflanze mit tief geteilten dreilappigen Blättern. Die Blüte (Bild oben) wird unten von 5 kräftigen Kelchblättern umgeben, darüber stehen 10 meist intensiv blau oder rot gefärbte Blütenblätter, die an ihrer Basis zahlreiche fädige, ebenfalls gefärbte Fortsätze tragen. Auf einem kurzen Stiel erhebt sich im Inneren der Blüte der Fruchtknoten (mit dreiteiliger Narbe), der von 5 Staubblättern umgeben wird.

Neben der Maracuja und der Süßen Granadilla wird die im Fruchtfleisch festere Curuba *(Passiflora mollissima)* importiert. Sie hat eine dünne, samtig-weiche Schale. Wegen der länglichen Form und der mattgelben Farbe trägt sie im englischen Sprachraum die Bezeichnung Bananen-Passionsfrucht.

Maracuja, Passionsfrucht
Wissenschaftlicher Name: *Passiflora edulis* (großes Bild)
Herkunft: Kletterpflanze aus Südamerika. Heute in allen tropischen und subtropischen Ländern angebaut.
Reifezeit: Ganzjährig.
Aussehen: 7 cm, rund oder leicht oval. Glänzend gelbe, ledrige Schale, oft rötlich angehaucht. Gelbes Fruchtfleisch aus vielen safthaltigen Bläschen mit je einem Kern. Vollreife Früchte schrumpfen stark und werden braun. Gewicht 100 g, sehr variabel.
Geschmack: Sauer, aber sehr aromatisch; orangenartiger Beigeschmack. Rote Früchte weniger sauer.
Verwendung: Für Säfte, Süßspeisen, Quark und Mixgetränke. Fruchtmasse mit Kernen eßbar, dazu Früchte halbieren und auslöffeln.
Hinweis: Lange haltbar.

Maracuja

Süße Granadilla

Süße Granadilla
Wissenschaftlicher Name: *Passiflora ligularis* (kleines Bild)
Herkunft: Wie Maracuja.
Reifezeit: Ganzjährig.
Aussehen: Runde bis eiförmige Früchte, in einen kurzen Stiel auslaufend, 7 cm Durchmesser. Schale dünn, hart, bräunlich-gelb, gesprenkelt, oft mit dunkleren Flecken. Weiße, schwammige Fruchtwand. Graue Saftbläschen mit je einem Kern. Gewicht 100 g.
Geschmack: Mild-süß, nicht so aromatisch wie Maracuja.
Verwendung: Wie die Maracuja halbieren und auslöffeln, aber besser zum direkten Verzehr geeignet.

Granatapfel

3 bis 4 m hoher Strauch oder buschiger, leicht dorniger Baum. Die Blätter sind glänzend und ledrig. Die Blüten tragen 5 bis 8 leuchtend rot gefärbte Kronblätter und Kelchblätter, die auf einer krugförmig ausgehöhlten Blütenachse sitzen. Im Inneren der Blüte stehen zahlreiche Staubblätter, die einen Griffel umgeben. Dieser entspringt dem Fruchtknoten, der dem Becher eingewachsen ist. Er hat in 2 bis 3 »Stockwerken« angeordnete Fruchtblätter, die ihn in verschiedene »Etagen« gliedern.

Der Granatapfel ist für den vorderasiatischen Raum eine ebenso bedeutungsvolle Frucht wie die Mango für Indien. Vielen Kulturen war er heilig und galt seiner vielen Kerne wegen als Symbol der Fruchtbarkeit. Auch in der Bibel wird er erwähnt, und man muß davon ausgehen, daß es sich beim Apfel des Paradieses um einen Granatapfel gehandelt hat. Er diente als Vorlage für das Zwiebelmuster auf Porzellan, ist im spanischen Staatswappen enthalten und hat der spanischen Provinz Granada, wo in großem Umfang Granatäpfel angebaut werden, ebenso ihren Namen gegeben wie dem Edelstein Granat – wegen der roten Farbe – und der Geschoßgranate, deren ursprüngliche Form ihm im inneren Aufbau gleicht. Allen Teilen der Pflanze wurden schon im Altertum heilende Wirkungen verschiedenster Art nachgesagt. Die sehr gerbsäurehaltige Schale diente zum Färben von Teppichen und zur Herstellung von Tinte. Heute wird aus dem Fruchtfleisch vorwiegend Grenadinesirup hergestellt, wichtiger Grundstoff für Süßspeisen, Säfte und Likör.

Wissenschaftlicher Name: *Punica granatum*
Herkunft: Halbhoher Baum aus Persien. Heute in allen subtropischen Ländern und vielen tropischen Trockengebieten angebaut.
Reifezeit: Ganzjährig.
Aussehen: Apfelförmig, im Querschnitt leicht sechs- bis achtkantig, mit langen, verwachsenen Kelchzipfeln, 9 cm Durchmesser. Schale rötlichbraun, ledrig; nach längerer Lagerung leicht holzig. In 6–8 Kammern zahlreiche Kerne mit roten, durchscheinenden Samenmänteln. Gewicht 300 g.
Geschmack: Säuerlich-süß, himbeerähnlich; sehr saftreich. Das volle Aroma entwickelt sich erst, wenn die Schale eingetrocknet ist und stumpf-bräunlich wird.
Verwendung: Halbieren, Hälften seitlich einschneiden und aufbiegen, Kerne mit Fruchtfleisch herauslösen, frisch verzehren oder entsaften. Als eingedickter Sirup zu Eiscreme und Pudding, für Longdrinks und Milchshakes. Pikant: Granatapfel mit Kernen in orientalischen Fleischgerichten.
Hinweis: Sehr lange haltbar. Saft hinterläßt Flecken!

Honigmelone

Einjährige, schnellwüchsige und stark verzweigte Pflanze mit großen, rauhborstigen, mehr oder weniger grob fünflappigen Blättern. Die Blüten sind eingeschlechtlich, aber auf derselben Pflanze zu finden. Die männlichen Blüten tragen im Zentrum eine Säule verwachsener Staubblätter mit wellig gewundenen Staubbeuteln. Die weiblichen Blüten besitzen nur einen unterständigen Fruchtknoten mit Griffel und Narbe. Die Blütenkrone ist gelb, trichterförmig und weitgehend verwachsen. Im Vergleich zu anderen Gurkengewächsen ist sie klein, ihr Durchmesser beträgt bis zu 2,5 cm. Die glatte Schale der Früchte kann sehr unterschiedlich gefärbt und gemustert sein; häufig sind goldgelbe Formen.

Der Obsthandel bietet viele verschiedene Melonensorten an, die aber alle nur zwei botanischen Arten angehören: Den Zuckermelonen und den größeren Wassermelonen. Insbesondere bei den Zuckermelonen haben sich so große Sortenunterschiede ausgebildet, daß der Handel sie wie eigene Arten anbietet. Die wichtigste dürfte die als Honigmelone angebotene Sorte »Honey Dew« sein.

Honigmelone
Wissenschaftlicher Name: *Cucumis melo* (großes Bild)
Herkunft: Einjährige, kriechende Bodenpflanze aus Persien. Heute in allen subtropischen Ländern angebaut.
Reifezeit: Ganzjährig.
Aussehen: Spitzoval, 15 cm lang. Schale glatt, leicht gewellt, gelb. Fruchtfleisch blaßgelb. Große, zentrale Samenkammern mit zahlreichen hellen, flachen Kernen in fädigem, weichem Gewebe.
Geschmack: Mild-süß, aromatisch. Gewicht 1200 g.
Verwendung: In Spalte geschnitten als Frischobst; stets gut gekühlt servieren, mit etwas Sherry oder Kognak beträufeln. Verwendung in Obst-, Geflügel- oder Krabbensalaten.

Honigmelone

Kiwano

Kiwano, Horngurke
Wissenschaftlicher Name: *Cucumis metuliferus* (kleines Bild)
Herkunft: Frucht einer einjährigen, kriechenden Bodenpflanze der afrikanischen Tropen. Anbau auch in anderen tropischen und subtropischen Ländern.
Reifezeit: Ganzjährig.
Aussehen: 13 cm lange, ovale Frucht. Gelb-orange, stachelige Schale. Fruchtfleisch glasig-grün; viele helle, flache Kerne. Gewicht 300 g.
Geschmack: Erfrischend säuerlich mit leichtem Gurkenaroma.
Verwendung: Halbieren, Fruchtmasse mit Kernen herauslösen. Zu Salaten oder Cocktails geben.

Netzmelone

Im Wuchs und in der Blattform ähnelt diese Kulturform stark der Honigmelone. Auch die Blütenverhältnisse sind gleichartig. Generell öffnen sich bei den Melonen zuerst die männlichen Blüten, nach einer Woche folgen die ersten weiblichen. Die Blütezeit der einzelnen Blüten ist kurz und beträgt meist nur einen Tag. Der Fruchtknoten, aus 3 Fruchtblättern verwachsen, ist zunächst einfächerig, wird aber durch die großen, wulstig ins Zentrum wachsenden Plazenten unterteilt und ausgefüllt. Die durch korkige Rippen netzartig strukturierte Fruchtwand ist besonders stark verdickt und kräftig duftend.

Nicht ganz einig sind sich die Botaniker darüber, wie die einzelnen Züchtungen der Zuckermelone einzuordnen sind. Dem Verbraucher dürfte die Einteilung in die drei Hauptsortengruppen Honig-, Netz- und Kantalupmelonen am weitesten entgegenkommen, da sie sich nach äußerlich erkennbaren Kriterien richtet und auch weitestgehend der Sortierung des Handels entspricht.

Wissenschaftlicher Name: *Cucumis melo* (großes Bild)
Herkunft: Wie Honigmelone. Die Sorten »Galia« und »Ogen« sind israelische Züchtungen.
Reifezeit: Ganzjährig.
Aussehen: Rund bis leicht oval, 11 cm Durchmesser. Blaßgelbe bis ockerfarbene, je nach Sorte auch grün gesprenkelte Schale, oft mit deutlichen Längsrillen. Schale überzogen von einem mehr oder minder dichten Netz rauher Narben; bei der Ogenmelone kaum ausgeprägt. Fruchtfleisch hellgelb bis grünlich. Samenkammer mit Kernen gefüllt. Gewicht 500 g.
Geschmack: Süß. Aromatischer als Honigmelone.
Verwendung: Wie Honigmelone. Für Melone mit Schinken etwas zu süß.

Netzmelone

Charentaismelone

Charentaismelone, Kantalupe
Wissenschaftlicher Name: *Cucumis melo* (kleines Bild)
Herkunft: Wie Honigmelone. Ursprungsheimat der Sortengruppe in Armenien. Anbau vorwiegend in Frankreich, Italien, Südafrika und Neuseeland.
Reifezeit: Ganzjährig.
Aussehen: Rund, leicht abgeflacht, 9 cm Durchmesser. Schale glatt, cremefarben mit bläulich-grünen Schattierungen. Dunklere Längsrillen. Oft mit kleinen Warzen. Fruchtfleisch rötlich. Gewicht 420 g.
Geschmack: Süß. Aromatischer als die anderen Arten.
Verwendung: Wie Netzmelone, vorwiegend zum Frischverzehr.

Wassermelone

Einjährige, schnellwüchsige Pflanze mit mittelgroßen, fein behaarten, tief fünflappigen, wechselständigen Blättern. Die Blattlappen sind ihrerseits meist tief wellig gelappt. Die Blütenverhältnisse entsprechen denen der Honigmelone, jedoch ist die räumliche Trennung der männlichen und weiblichen Blüten am Sproß stärker ausgeprägt. Die Fruchtknoten sind wie die oberen Sproßspitzen zunächst zottig behaart, verlieren aber mit fortschreitendem Wachstum die Haare und sind bei Reife völlig kahl. Die Früchte können bis zu 1000 Samenkerne enthalten, jedoch existieren auch Züchtungen samenfreier Pflanzen. Diese sind Kreuzungen und müssen zur Aussaat immer aufs neue gezüchtet werden.

Kürbisgewächse sind Pflanzen der trockenen, heißen Zonen. Das gilt ganz besonders für die Melonen. Ihre Früchte sind natürliche Wasserspeicher, die bei Mensch und Tier als Durstlöscher beliebt sind. Dies ist zwar der Verbreitung der Samen förderlich, allzu große Beliebtheit kann die dauerhafte Arterhaltung aber in Frage stellen, insbesondere in den vegetationsarmen, pflanzenfeindlichen Trockenzonen. So schützen sich wilde Melonen durch Bitterstoffe vor dem Gefressenwerden; eine Eigenart, die bei allen Kürbispflanzen festgestellt werden kann. Einzelpflanzen haben aber immer wieder bitterstoffarme Früchte, die schon vom vorzeitlichen Menschen verbreitet wurden, wenn er diese bevorzugt gesammelt und die Kerne auf seinen Wanderungen zurückgelassen hat. Durch gezielten Anbau und Kreuzungen sind im Laufe der Geschichte die heutigen Kulturformen entstanden, die süß und wohlschmekkend sind. Wassermelonen aus den Mittelmeerländern sind meist rund und dunkelgrün, aus den Tropen und dem amerikanischen Kontinent vorwiegend oval und gestreift.

Wassermelone

Ananasmelone

Wissenschaftlicher Name: *Citrullus lanatus* (großes Bild)
Herkunft: Einjährige, kriechende Bodenpflanze aus Afrika. Heute in allen tropischen und subtropischen Ländern angebaut.
Reifezeit: Ganzjährig.
Aussehen: Runde, auch ovale Früchte von 20 cm Durchmesser. Schale dunkel- oder hellgrün mit dunklen Längsstreifen. Fruchtfleisch rot, schwammig, sehr wasserhaltig; bei der kleineren Ananasmelone gelb, fester. Viele braune Kerne. Gewicht 3 kg, sehr variabel.
Geschmack: Wäßrig, nur wenig süß. Ananasmelone leicht säuerlich.
Verwendung: Frisch als Durstlöscher, Kerne eßbar.

Ananas

Die Ananaspflanze ist eine Staude mit keulig verdicktem Stamm, der unten zahlreiche schmale, steife, am Rand stachelig gezähnte Blätter trägt. Diese sind mit Schuppenhaaren mehlig besetzt. Am Stamm sitzen eng übereinander in 8 bis 12 Reihen die 100 bis 200 einfachen Blüten schraubig angeordnet an. Sie verwachsen sehr bald mit ihren Stielen, Tragblättern und Früchtchen und werden so zu dem kugeligen bis länglichen Komplex, der »Frucht«. Oben schließt das Ganze wieder mit einem Blattschopf ab.

Ananasgewächse (Bromelien) sind meist sehr genügsame Aufsitzerpflanzen, die sich im Astwerk tropischer Bäume ansiedeln. Ihre Blätter bilden eine trichterförmige Rosette zum Auffangen von Wasser und Nährstoffen. Die Ananas, eine der wenigen am Boden wachsenden Bromelien, wurde vermutlich schon in prähistorischer Zeit in Südamerika kultiviert. Dort existieren Wildformen, die minderwertige, samenreiche Früchte liefern. Die »Frucht« ist eine Sammelfrucht, die sich aus zahlreichen Einzelfrüchten zusammensetzt. Heute ist die Obstananas weltweit verbreitet und wird bei ungeeignetem Außenklima sogar in Gewächshäusern angebaut. Nach dem Auspflanzen der Schößlinge vergehen zwei Jahre bis zur Ernte. Dieser lange Produktionszeitraum wird durch hohe Erträge ausgeglichen. Obwohl der Laie kaum Unterschiede feststellen kann, existieren zahlreiche Sorten. Sie variieren beträchtlich hinsichtlich Saftgehalt und Aroma und werden teilweise nur zu Saft und Konserven verarbeitet. Haupterzeugerländer für frische Früchte sind die Philippinen, für Konserven Thailand und Hawaii.

Wissenschaftlicher Name: *Ananas comosus*
Herkunft: Bodenbromelie aus Südamerika. Heute in allen tropischen und vielen subtropischen Ländern angebaut, bei ungeeignetem Außenklima auch in Gewächshäusern.
Reifezeit: Ganzjährig.
Aussehen: 20 cm lang, oval. Kiefernzapfenartig geschuppte, gelblich-braune oder grün-braune Schale mit kurzen, trockenen, verkümmerten Blattansätzen. Gelbes, fasriges Fruchtfleisch mit leicht holzigem Mittelstrang. Gewicht 1200 g.
Geschmack: Säuerlich-süß.
Verwendung: In Scheiben schneiden, schälen und holzigen Mittelteil ausstechen. Als Frischobst, Kuchenbelag und für Süßspeisen. Für pikante Salate, Toasts, Fleisch- und Reisgerichte oder Bowlen und Säfte.
Hinweis: Frische Früchte wirken verdauungsfördernd durch ein eiweißspaltendes Enzym. Übermäßiger Genuß kann wegen des hohen Fruchtsäureanteils zu Reizungen der Mund- und Magenschleimhäute führen.

Schlanke, hochgewachsene Palme, unter deren Blattschopf männliche und weibliche Blüten in einem Blütenstand vereinigt sind. Dieser ist kolbenförmig und trägt an der Basis 20 bis 40 weibliche Blüten und darüber mehr als 10000 männliche Blüten. Die weiblichen Blüten sind aus 6 kleinen, schuppigen Blütenblättern aufgebaut, von denen die äußeren kelchartig sind. Der Fruchtknoten besteht aus 3 Fruchtblättern und wird zu einer einsamigen Steinfrucht.

Die Kokospalme ist Sinnbild aller Tropenromantik, aber auch die klassische Nutzpflanze der feuchtheißen Länder in Äquatornähe. Die Palette ihrer Produkte reicht von Seife, Palmwein, Zucker und Gemüse über seewasserfeste Seile bis hin zu Margarine, Öl und Kerzen, von Bau- und Brennstoffen ganz abgesehen. Ihre schwimmfähigen Früchte haben die Kokospalme weltweit verbreitet. Leider sind Kokosplantagen kaum noch rentabel, seit billige Ersatzprodukte aus industrieller Fertigung oder leichter kultivierbaren Pflanzen – beispielsweise Sojabohnen zur Gewinnung von Pflanzenfett – die traditionellen Kokoserzeugnisse vom Markt verdrängt haben. In den Tropen liefern unreife Kokosnüsse ein erfrischendes, immer kühles und vollkommen hygienisches Wasser, das in den frisch aufgeschlagenen Früchten serviert wird. Eine weitere, gelegentlich importierte Palmenfrucht aus Asien ist die geschuppte Salak oder Schlangenhautfrucht *(Salacca edulis)*. Unter ihrer braunen, spröden Schale verbirgt sich festes, schmutzigweißes Fruchtfleisch in mehreren Segmenten.

Wissenschaftlicher Name: *Cocos nucifera*
Herkunft: Frucht einer polynesischen Palme. An allen tropischen Meeresküsten weit verbreitet.
Reifezeit: Ganzjährig.
Aussehen: Braune, kugelige Früchte von 13 cm Durchmesser. Schale braun, sehr hart, grobfasrig. Auf der Oberseite 3 ovale Narben. Fruchtfleisch weiß, fest; an der Schalenwand angelagert. Innerer Hohlraum zum Teil mit Wasser gefüllt. Gewicht 700 g.
Geschmack: Knackig-nussig.
Verwendung: Schale mit Säge oder Küchenbeil öffnen. Mark herausbrechen. Frisch verzehren oder als Raspel in Gebäck verwenden. Aus in heißem Wasser eingeweichten Kokosraspeln gepreßte Kokosmilch ist Bestandteil vieler exotischer Gerichte.
Hinweis: Handelsfrüchte sind von der äußeren Faserhülle befreit. Bei unreifen Nüssen sind Faserhülle und Schale noch weich und mit dem Messer schneidbar. Das Mark ist dünn und gallertartig; nur in den Tropen erhältlich.

Knorriger, immergrüner Baum, der eine Höhe von 25 m, einen Stammdurchmesser von 8 m und ein Alter bis zu 200 Jahren erreicht. Seine zartgrünen Blätter sind paarig gefiedert. Die gelblichen Blüten mit roter Zeichnung stehen in endständigen Trauben und verbreiten einen angenehmen Duft. Die 6–18 cm langen, kräftigen, braunen Hülsen sind häufig leicht gebogen und enthalten das eßbare Fruchtmark sowie wenige große, glänzende, flache Samenkerne.

Die hülsentragenden Schmetterlingsblütler sind mit sehr vielen Arten weltweit verbreitet und liefern bedeutende Nutzpflanzen wie Sojabohne oder Erdnuß. Neben Tamarinde und Johannisbrot tauchen in den Obstregalen gelegentlich die langen, schwarzen Hülsen der Röhrenkassie *(Cassia fistula)* auf. Sie werden unter der Bezeichnung »Manna« angeboten.

Tamarinde, Sauerdattel
Wissenschaftlicher Name: *Tamarindus indica* (großes Bild)
Herkunft: Vermutlich aus Ostafrika stammende Baumfrucht. Heute in allen tropischen Ländern angebaut.
Reifezeit: Ganzjährig.
Aussehen: 5–20 cm lange Hülse, gekrümmt, oft mehrfach eingeschnürt. Schale zimtbraun, dünn, sehr spröde. Stark eingeschrumpftes Fruchtmark von dunkelbrauner Farbe und zäher, musiger Konsistenz. 1–6 tonnenförmige, braune Kerne. Gewicht 5–50 g, sehr variabel.
Geschmack: Säuerlich-würzig.
Verwendung: Schale entfernen. Fruchtmark von den Kernen lösen, als Gewürz für asiatische Fleisch- und Fischgerichte, Reis oder Gemüse.

Tamarinde

Johannisbrot

Johannisbrot, Carobe
Wissenschaftlicher Name: *Ceratonia siliqua* (kleines Bild)
Herkunft: Baumfrucht aus dem Mittelmeerraum. Anbau in allen subtropischen Ländern.
Reifezeit: September bis Januar.
Aussehen: 14 cm lange, flache Hülse mit umlaufender Rinne, kleiner Stielansatz. Schale dunkelbraun, glänzend, Fruchtmark hellbraun, fest, trocken. 10–12 braune Kerne. Gewicht 40 g.
Geschmack: Süß; ältere Hülsen etwas holzig.
Verwendung: Gewaschene Hülsen können mit der Schale gegessen werden. Gemahlen als Zusatz für Früchtebrot oder Gebäck.

Tips für Einkauf und Aufbewahrung

Jeder Obsthändler wird sich natürlich um eine fachkundige Beratung des Kunden bemühen. Wer exotische Früchte kauft, sollte aber in der Lage sein, den Reife- und Qualitätsgrad der einzelnen Arten zu erkennen und wissen, wie man diese zu Hause bis zum Verzehr richtig lagert.

Zitrusfrüchte, Bananen, Ananas und Kiwis kommen meist ausgereift auf den Obstmarkt, da die große Nachfrage einen schnellen Absatz sichert.

Rambutan, Avocado, Litschi, Mangostane, Feige, Tamarillo, Dattel und Loquat müssen an der Pflanze reifen, um ihr volles Aroma entfalten zu können.

Früchte, die aufgrund schwieriger Transportbedingungen grün geerntet werden, müssen bis zum Verkauf bei uns noch nachreifen. Leider gelangen häufig noch unausgereifte Früchte in die Regale des Einzelhändlers. Will man sich hier Enttäuschungen ersparen, ist eine Prüfung des Reifegrades angebracht. Hier einige Anhaltspunkte:

Babaco:	Fruchtfleisch sollte auf leichten Daumendruck nachgeben und gelb sein.
Papaya:	Fruchtfleisch sollte auf Fingerdruck nachgeben; Schale verfärbt sich bei Reife orange. Nicht im Kühlschrank, sondern bei Zimmertemperatur lagern.
Zuckermelone:	Auf die Blütennarbe an der Unterseite der Frucht drücken; sie sollte schon sehr weich sein, das umliegende Fruchtfleisch noch fest, auch ein aromatischer Duft signalisiert Reife. Gekühlt lagern.
Kaki:	Muß beim Verzehr breiig weich sein; besser noch feste Früchte kaufen, diese sind bis zu drei Wochen im Gemüsefach des Kühlschranks haltbar.
Sapodilla:	Fruchtfleisch sollte intensiv duften, die Schale auf Daumendruck nachgeben und kleine, dunkle Flecken haben. Noch feste Früchte bei Zimmertemperatur nachreifen lassen, reife Früchte bald verbrauchen.

Cherimoya:	Fruchtfleisch sollte auf Daumendruck nachgeben; die Schale schwärzlich verfärbt sein. Bei etwa 15 Grad lagern, nie im Kühlschrank!
Avocado:	Schale sollte auf Fingerdruck nachgeben; noch feste Früchte bei Zimmertemperatur nachreifen lassen. Reife Avocados im Kühlschrank lagern.
Karambole:	Kanten sollten schwarz, das Fruchtfleisch goldgelb sein.
Kapstachelbeere:	Fruchtfleisch muß völlig gelb sein; bis zum Verzehr in der Verpackung und kühl lagern.
Guave:	Schale sollte auf Fingerdruck nachgeben, Frucht intensiv duften.
Kaktusfeige:	Fruchtfleisch sollte auf Fingerdruck nachgeben, die Früchte rötlich oder braun verfärbt sein.
Granatapfel:	Erst öffnen, wenn die Schale stumpf und ledrig ist.

Generell sollten Früchte, die noch nachreifen müssen, bei Zimmertemperatur schattig gelagert und keinesfalls der prallen Sonne ausgesetzt werden.

Darüber hinaus ist beim Einkauf darauf zu achten, daß die Früchte äußerlich einwandfrei (ohne Druckstellen und Verletzungen) sind. Schalenrisse haben bei *Mangostanen* fast regelmäßig Fäulnis des Fruchtfleischs zur Folge. *Avocadofleisch* verfärbt bei Schalenverletzungen durch eindringenden Luftsauerstoff unansehnlich braun. Die empfindliche Schale der *Papaya* weist fast immer kleine, dunkle Sprenkel auf, sollte aber keine größeren Druckstellen haben. Große Flecken auf der *Süßen Granadilla* wirken sich auf die Qualität des Fruchtfleischs ebensowenig aus wie eine eingeschrumpfte, braune Schale bei der *Maracuja. Kapstachelbeeren,* die in kleinen Körbchen unter Folie abgepackt sind, sollte man auf Schimmelbefall überprüfen. Zudem ist es ratsam, soweit möglich, exotische Früchte zu schälen. *Kumquats,* die immer mit der Schale gegessen werden, oft auch *Zitronen,* sind zwar unbehandelt, gründliches Waschen ist aber trotzdem angebracht.

Fruchtformen im Überblick

Schließfrüchte lösen sich als Ganzes von der Pflanze; hierzu gehören Steinfrüchte, Nüsse und Beeren; auch in Form von Sammelfrüchten und Fruchtständen.
Steinfrüchte haben einen fleischigen Mantel und einen harten Stein, der den Samen enthält. Stets einsamig. Verzehrt wird der Mantel (Kirsche, Pfirsich, Mango), der Samen oder ein im Stein enthaltenes Nährgewebe (Kokosnuß).
Nüsse haben eine holzige Schale, die den Samen enthält. Stets einsamig. Verzehrt wird der Samen (Haselnuß). Walnuß, Mandel und Kokosnuß sind keine Nüsse, sondern Steinfrüchte.
Beeren sind insgesamt fleischig mit einem (Dattel, Avocado) oder mehreren (Mangostane, Sapodilla), oft auch sehr vielen Samen (Guave, Kiwi, Papaya). Viele Arten sind durch Züchtung samenlos (Banane, Kaki, Ananas).
Panzerbeeren (Litschi, Rambutan) haben eine ledrige oder pergamentartige Schale. Verzehrt wird der fleischige Samenmantel.
Sammelfrüchte entstehen aus einer einzelnen Blüte. Aus mehreren Fruchtknoten entwickeln sich Einzelfrüchte, die durch ein Gewebe so verbunden sind, daß sie den Eindruck einer kompakten Frucht erwecken. Man unterscheidet Sammelsteinfrüchte (Himbeere), Sammelnußfrüchte (Erdbeere) und Sammelbeeren (Cherimoya).
Fruchtstände entstehen aus mehreren Blüten, die zu verwachsenen Beerenfruchtständen (Ananas) oder lose zusammengesetzten Steinfruchtständen (Feige), Nußfruchtständen (Maulbeere) oder Beerenfruchtständen (Traube, Johannisbeere) heranreifen.
Streufrüchte öffnen sich an der Pflanze und geben die Samen frei. Man unterscheidet Schoten, Hülsen, Kapseln und Balgfrüchte. Meist mehr- bis vielsamig. Wenige Obstfrüchte (Tamarinde, Johannisbrot).
Kernobst bildet einen Sonderfall: Ein häutiger oder dünnschaliger, balgartiger Fruchtknoten mit mehreren Samen ist vom Gewebe der Blütenachse vollständig (Apfel, Quitte) oder becherförmig umwachsen (Loquat).
Scheinfrüchte bilden die Kernobstarten, die Erdbeere (verdickte Blütenachse mit mehreren Nüssen), die Feige (Blütenstandsboden mit winzigen Steinfrüchten) und die Ananas (Blütenstandsachse mit samenlosen Beeren).

Erläuterung der Klimazonen

Tropen

Zone beidseitig des Äquators. Geographische Grenzen sind die Wendekreise von Krebs und Steinbock bei jeweils 23° 27′ nördlicher und südlicher Breite. Klimatisch definiert als Gebiet, in dem die Durchschnittstemperatur des kältesten Monats nicht unter 18 °C sinkt. *Klimabedingungen:* kaum jahreszeitliche Schwankungen; in Äquatornähe feuchtheiß; gleich lange Tage und Nächte mit geringen Temperaturschwankungen. An den Wendekreisen teilweise Wüstenklima mit extremer Trockenheit und starken Temperaturschwankungen im Tageslauf. *Obstanbaugebiete:* Südostasien, Indien, Kenia, Südamerika, Karibik.

Subtropen

Bereich zwischen Tropen und gemäßigter Zone. Klimatisch definiert als Gebiet, in dem die Durchschnittstemperatur des kältesten Monats zwischen 10 °C und 18 °C liegt. Keine geographische Abgrenzung zur gemäßigten Zone. Klimatische Grenze auf der Südhalbkugel bei 35°, auf der Nordhalbkugel schwankend zwischen 25° (Südrand des Himalaya) und 45° (Adria). *Klimabedingungen:* jahreszeitliche Schwankungen von Temperatur, Niederschlag und Tageslänge; warme Sommer, milde Winter; Winterregengebiete im Mittelmeerraum, Südafrika und Kalifornien; Sommerregengebiete im Süden der USA, Neuseeland und Teilen Chinas. *Obstanbaugebiete:* Mittelmeerländer, Neuseeland, Florida, Kalifornien.

Tropisches Hochland

An den Hängen tropischer Gebirge wiederholen sich die globalen Klimazonen in horizontaler Schichtung. Für den Obstbau bedeutend ist die Zone mit subtropischen Klimabedingungen. Hauptsächlich aus den Höhenlagen der südamerikanischen Anden stammen viele Früchte, die auch für den Anbau in den Subtropen geeignet sind. *Obstanbaugebiete:* Kolumbien, Ecuador.

Nährwerte von exotischen Früchten

(soweit bekannt)

je 100 g eßbarer Anteil	kcal	kJ	Eiweiß g	Fett g	Kohlenhydrate g	Vitamine, Minerale
Ananas	57	240	0,4	0,2	13,5	Vit. C, B_1, B_2
Avocado	223	937	1,9	23,5	0,9	Vit. E, B_2, B_6; Ka
Babaco	23	97	1,5	0,1	7,1	Vit. C, B_2
Banane	81	340	1,1	0,2	18,8	Vit. B_6; Ka
Cherimoya	63	264	1,7	0,4	13,8	Vit. C
Dattel	274	1150	1,8	0,5	73,2	Vit. A, B_{12}, D
Feige	49	240	1,3	0,5	11,0	Vit. B, C
Feijoa	42	176	0,8		6,0	Vit. C; Ka
Granatapfel	77	232	1,0		18,0	Ka
Grapefruit	43	180	0,6	0,2	9,8	Vit. C
Guave	52	218	1,0	0,4	8,2	Vit. C, B_1
Johannisbrot	316	1327	7,0	6,5	70,0	
Kaki	70	294	0,6	0,2	16,5	Vit. A, C; Ka
Kaktusfeige	58	243	0,8	0,7	12,0	Vit. C; Ca, Ka
Kapstachelbeere	58	243	2,7	1,2	9,6	Vit. A; Ei
Karambole	25	105	0,7	0,5	8,0	Vit. C; Ka
Kiwano	22	92				
Kiwi	50	210	0,9	0,6	10,3	Vit. C; Ka, Ca
Kokosnuß	343	1440	4,3	34,0	4,6	Na, Ka, Ei
Kumquat	69	289	0,9	0,1	9,5	Vit. C; Ka, Ca
Limette	28	117	0,4	0,1	8,0	Vit. C; Ka
Litschi	73	306	1,0	0,8	14,8	Vit. C; Ka
Loquat	95	399	0,4	0,2	21,3	Ka
Orange	44	185	1,0	0,2	9,5	Vit. C
Mandarine	45	189	0,6	0,2	10,2	Vit. A
Mango	56	235	0,5	0,3	12,8	Vit. A, C, B_1, B_2
Mangostane	70	294	0,7	0,8	18,6	Vit. C, B_1, B_2
Maracuja	75	315	0,7	0,2	13,5	Vit. C, A; Ka
Papaya	13	54	0,6	0,1	2,4	Vit. A, C; Ka
Rambutan	69	289	1,0	0,1	15,0	Vit. C; Ka, Ca, Ei
Sapodilla	97	407	0,4	1,0	22,0	Vit. C; Ka, Ca, Ei
Süße Granadilla	80	336	1,1	0,1	11,9	Vit. A, C; Ka
Tamarillo	50	210	2,0	1,2	9,0	Vit. A; Ca
Tamarinde	236	988	2,0	0,6	75,0	Ka, Ca, Ei
Wassermelone	35	147	0,6	0,2	7,7	Vit. B_1, B_2, B_6, C
Zitrone	13	54	0,7	0,6	7,1	Vit. C
Zuckermelone	53	222	0,6	0,1	12,4	Vit. A; Na, Ka

Na = Natrium   Ca = Calcium
Ka = Kalium   Ei = Eisen

Exotische-Früchte-Register

Der Autor: Bernd Lischke, Forstbeamter und Autor eines umfassenden Naturreiseführers zum Thema »Früchte der Tropen und Subtropen«, greift bei seinen Arbeiten auf die Erfahrung mehrerer Tropenreisen zurück.

Fachliche Beratung: Prof. Dr. Jürke Grau, Institut für systematische Botanik der Universität München.

2. Auflage 1991

Redaktionsleitung: Hans Scherz
Redaktion und Herstellung: Ursula Kopp
Lektorat: Dieter Löbbert
Bildredaktion: Angelika Rieckenberg, Ursula Kopp
Zeichnungen: György Jankovics
Produktion: Helmut Giersberg
Einbandgestaltung: Heinz Kraxenberger
Satz: Filmsatz Schröter GmbH
Offsetreproduktion und Druck: Graphische Anstalt E. Wartelsteiner
Bindung: Ludwig Auer GmbH

ISBN 3-7742-3460-4

Die Fotografen: Friedrich: U2, 2 o.r., 2 m.r., 3 m.l.; Sylvestris: 2 o.l. (Prenzel), 2 m.l., 2 u.l. (Wothe), 2/3 u.m. (Merten), 3 o.r. (Rausch), 3 u.r. (Dani/Jeske); Teubner: 3 o.l., 3 m.r. und alle übrigen.